BEI GRIN MACHT SICH IHR WISSEN BEZAHLT

AF153295

- Wir veröffentlichen Ihre Hausarbeit, Bachelor- und Masterarbeit

- Ihr eigenes eBook und Buch - weltweit in allen wichtigen Shops

- Verdienen Sie an jedem Verkauf

Jetzt bei www.GRIN.com hochladen und kostenlos publizieren

Hoffnung durch Solidarität. Weltkirchliche Solidarität am Beispiel des Partnerschaftsprojektes der Erzdiözese Freiburg mit Peru

Patrick Graf

Bibliografische Information der Deutschen Nationalbibliothek:

Die Deutsche Nationalbibliothek verzeichnet diese Publikation in der Deutschen Nationalbibliografie; detaillierte bibliografische Daten sind im Internet über http://dnb.d-nb.de abrufbar.

ISBN: 9783346776297
Dieses Buch ist auch als E-Book erhältlich.

Hoffnung durch Solidarität

Weltkirchliche Solidarität
am Beispiel des Partnerschaftsprojektes
der Erzdiözese Freiburg (D) mit Peru
(Vortrag)

„Im Kontext einer Partnerschaft jedoch bietet sich den deutschen Partnergemeinden die
Möglichkeit des Auswegs aus einer Sackgasse. Sie können den Teufelskreis einer zugleich
wachsenden Verelendung auf der einen Seite und einer wachsenden Bereicherung einiger
Weniger auf Kosten der Mehrheit auf der anderen Seite durchbrechen. Dies wäre eine
österliche Erfahrung: durch die Auferstehung Jesu wird der Teufelskreis des Todes und
der Macht sündhafter Strukturen durchbrochen
und neues Leben ermöglicht"
Ignacio Ellacuria
in: Eine Kirche der Armen. Für ein prophetisches Christentum

Inhalt

Einführung

Das Interesse für den Lateinamerikanischen Kontinent im Rahmen wissenschaftlicher Erarbeitung ist in den vergangenen 60 Jahren zunehmend gewachsen, dies zeigt allein die wachsende Zahl des Aufbaus von universitären Lateinamerika Instituten z.Bspl. in Deutschland. Nach rund 5 Jahrhunderten des oft rein ökonomischen Interesses an diesem Kontinent zeigt sich, dass die geschichtliche, soziologische und psychologische Aufarbeitung vor allem der Folgen der Eroberung und wirtschaftlichen Erschließung dieses Kontinentes längst nicht abgeschlossen ist. Besonders die vergangenen 60 Jahre, mit der Entwicklung nach dem Zweiten Weltkrieg hin zu der Phase der Diktaturen in vielen lateinamerikanischen Staaten und mit dem - dann als Gegenbewegung - entstandenen „Linksruck", um sich aus Diktatur, Armut, Unterdrückung und wirtschaftlicher Ausbeutung zu befreien[1], zeigen, dass diese erst kurz zurückliegende historische Phase dieses Kontinentes der Aufarbeitung bedarf, allein wegen der Opfer die unter den Diktaturen und Bürgerkriegen gefordert wurden. In die Hunderttausende, ja in die Millionen, geht die Zahl all derer, die unter der Unterdrückung sowie unter den erschütternden Gewalttaten der Machthaber aber auch unter den Angriffen der gewaltsamen Gegenkräfte und revolutionären Bewegungen gelitten haben und Opfer von Mordanschlägen, Folter, Verschleppung und Gewalttaten wurden.[2] Der historisch-kritische Blick hinein in diese Phase jüngster Geschichte des latein-amerikanischen Kontinentes konfrontiert nicht nur mit einer akademischen Fragestellung, sondern mit Men-schen die Täter waren und Menschen, die Opfer wur-den: es gibt nach wie vor heute Augenzeugen, Menschen die Gewaltherrschaft überlebt haben und damit Schlimmstes erlebt haben. Wir begegnen heute traumatisierten Menschen, die Angehörige verloren haben, die gezeichnet sind vom Leid dieser Jahre härtester Auseinandersetzung in Bürgerkriegen und im Ringen um Gerechtigkeit und Freiheit. Die Erinnerungen an diese Grausamkeiten bleiben wach, nur wenig wird wirklich Wiedergut-machung geleistet und ein Weg der Versöhnung ist fast nicht - wenn überhaupt - möglich. Es zeichnet sich unbestritten eine Phase der Geschichte ab, die unbeschreibliches Leid hinterlassen hat, obwohl die Eroberung des Kontinentes schon Jahrhunderte zurückliegt. Mühsam beginnen sich in den 90 er Jahren des letzten Jahrhunderts ansatzweise Demokratien zu entwickeln, doch ihr Weg ist schwer und zu viele Widerstände machen ihren Aufbau fast unmöglich und bis in unsere Tage hinein fordert es weiter Opfer.

Während sich seit dem Zweiten Weltkrieg in Europa die Demokratien ungehindert entwickeln können , außer in den Ostblockländern bis 1989, hinkt der lateinamerikanische Kontinent hinterher. Dass dieses nur langsame Voranschreiten der Demokratisierung durchaus im In-teresse der westlichen Industriestaaten geschehe, bringen die kritischen Stimmen und Verfechter der Dependenztheorie zum Ausdruck[3].

---

[1] Vgl.: NEUREITER Michael: „Die politische Kultur Lateinamerikas – Grundlage stabiler Demokratie?" München 2009, S.4-11.

[2] Vgl. dazu am Beispiel Peru: LERNER FEBRES, Salomon / SAYER, Josef (HG) „Wider das Vergessen", Bericht der Wahrheits- und Versöhnungskommission Peru; Ostfildern 2008; S.70 – 77.

[3] Vgl. NEUREITER, Michael: „Modernisierungsdependenz orientierte Ansätze in der Entwicklungstheorie im Vergleich"; München 2010; S. 13 – 17 und NEUREITER, Michael: „Die politische Kultur Lateinamerikas – Grundlage stabiler Demokratie?" München 2009, S. 11- 20.

Der Weg hin zu einem Leben in Gerechtigkeit und ohne Armut scheint noch lange und beschwerlich zu sein.

Inmitten dieser geschichtlichen Phase Lateinamerikas steht die katholische Kirche. Bischöfe, Priester, Ordensleute und engagierte Laien sowie die Gläubigen dieses „Katholischen Kontinentes" stehen mittendrin, werden im Strudel der Geschichte mitgerissen und es kommt zur Situation der Zerrissenheit der Kirche, nämlich Kirche der Reichen und/oder Kirche der Armen zu sein. Diese vergangenen 60 Jahre werden zu einem Prüfstein für die lateinamerikanische Kirche und mit ihr auch zu einem Prüfstein für die Kirche als Ganzes.

1. Herausforderung und Prüfstein für die Kirche in Lateinamerika

Die damals aufkommende Befreiungstheologie fasst in theologischen, christologischen und ekklesiologischen Thesen zusammen, was bitter Not tut, nämlich einen Weg der Befreiung als den Weg Gottes zu gehen, und sie geht ihn konsequent und mit friedlichen gewaltfreien Mitteln. Es wird an dieser theologischen Auseinander-setzung sichtbar, dass die Kirche im Angesicht des Leides, der Not und der Ungerechtigkeit einer unbeschreib-lichen Herausforderung gegenüber steht[4]. Bis in die heutigen offiziell - kirchlichen Dokumente hinein zieht sich aber die Zerrissenheit. Für die Befreiungstheologen und all diejenigen, die sich ihnen anschließen, geht es nun nicht mehr nur um den Kampf gegen die Bedrohung von außen, wie politische Unterdrückung, wirtschaft-liche Ausbeutung, Armut etc, sondern es beginnt auch ein mühsamer Weg der Rechtfertigung[5] innerhalb der Kirche in den eigenen Reihen der Theologen, sowie der Bischöfe und vor allem gegenüber der Kir-chenleitung in Rom[6].

Gustavo Gutierrez beschreibt diese Uneinigkeit in der Frage nach dem kirchlichen Engagement als grund-legende Anfrage in der gesamten Diskussion. „Hand in Hand mit diesem Problem geht die viel diskutierte Frage: *Soll die Kirche ihr soziales Gewicht einsetzen*, um die gesellschaftliche Umstrukturierung in Lateinamerika zu unterstützen? ....Außerdem fürchtet man, das ganze Unternehmen könne kläglich scheitern. Denn der lateinamerikanische Episkopat vertrete keine einheitliche Position und verfüge nicht über die Mittel, die notwendig sind, um die Gesamtheit der Christen auf eine avantgardistische Linie in sozialen Fragen auszurichten."[7]

Dass aber gerade die Not, die Armut und die Ungerechtigkeit ein dringendes Handeln der Kirche erfordern und die Kirche in dramatischer Weise heraus-gefordert ist - unabhängig ob alle einer Meinung sind - formuliert Gustavo Gutierrez. Der „gesellschaftliche Einfluß der Kirche sei eine gewichtige Tatsache"[8] und er frägt:. „Aber

---

[4] Vgl. GUTIERREZ, Gustavo: „ Theologie der Befreiung" 10.Aufl. Mainz 1992; S. 22 ff.

[5] SEGUNDO, Juan Luis: „Die zwei Theologien der Befreiung in Lateinamerika" in SIEVERNICH; Michael: „Impulse der Befreiungstheologie für Europa" München/Mainz 1988, S.113.

[6] Vgl. MAGANA, Alvaro Quiroz: „Ekklesiologie in der Theologie der Befreiung" in ELLACURIA, Ignacio/ SOBRINO Jon (HG) „Mysterium Liberationis" Band 1; Luzern 1995; S.243 – 261.

Vgl. GORGULHO, Gilberto da Silva: Biblische Hermeneutik; in ELLACURIA, Ignacio/ SOBRINO, Jon (HG) „Mysterium Liberationis" Band 1; Luzern 1995; S. 155.

[7] GUTIERREZ, Gustavo: „Theologie der Befreiung" 10. Aufl. Mainz, 1992; S.197.

[8] GUTIERREZ. Gustavo: a.a.O. : S.197.

kann die Kirche wirklich schweigen, wenn die Mächtigen die Schwachen berauben und ausbeuten? Wäre es nicht die beste Art für die Kirche, mit der bestehenden Ordnung zu brechen und sich damit von ihrem zweifelhaften gesellschaftlichen Prestige zu befreien, wenn sie die grundlegende Ungerechtigkeit anklagte, auf der die Strukturen der derzeitigen Gesellschaft beruhen? Häufig kann allein die Kirche ihre Stimme zu öffentlichem Protest erheben"[9]

1.1. Eine eigene Identität lateinamerikanischer Kirche

Es wird sichtbar: die sozialen, ökonomischen und politischen Verhältnisse hinterfragen das Selbstverständnis der lateinamerikanischen Kirche. Durch die Auseinandersetzung und die immensen Impulse der Befreiungstheologie wird der Weg der Kirche in Lateinamerika zu einem ihr eigenen Weg werden und es wird nur ein Weg mit und für die Armen werden. Dass sich die Kirche auf diesem Kontinent von ihrer Vergangenheit löst, nämlich Kirche der Eroberer gewesen zu sein und mit dem Blick auf die Unter-drückung der vergangenen Jahrhunderte aber auch der Gegenwart eine neue Identität findet, ist der entscheidende Prozess. Ihn hat die Befreiungstheologie angestossen und massgeblich gestaltet. Es ist eine neue Entwicklung die sich unter großen Opfern und vielen Konflikten durch das vergangene halbe Jahrhundert hindurchzieht, so sehr diese Entwicklung noch lange nicht abgeschlossen ist. So stellt Gustavo Guitierrez Mitte der 70 er Jahre schon fest: „Die lateinamerikanische Kirche wurde bereits abhängig geboren und konnte bis heute ihre Originalität noch nicht entwickeln. Diese Abhängigkeit ist wie auf sozioökonomischer und politischer Ebene auch in der Kirche nicht nur ein externer Faktor , sondern bestimmt auch ihre Strukturen, ihr Leben und Denken. Kirche in Lateinamerika war bis heute mehr Kirche im Reflex als Kirche von der Quelle her."[10]

1.1.1. Konfrontation mit der Gewalt - Radikale Erfahrung von Tod und Leben

Eine enorme Belastungsprobe für die Kirche in Lateinamerika war und ist teilweise heute noch die Gewalt und die ständige Bedrohung durch Gewalt. Jegliches Engagement, dass die politischen und sozioökonomischen Verhältnisse zu ändern versuchte, wurde mit Gewalt konfrontiert und unterbunden. Dies gehörte und gehört auch heute teilweise noch zur „Tagesordnung": „Die lateinamerikanische Kirche muß wissen, dass sie sich auf einem Erdteil befindet, auf dem ein revolutionärer Prozess in Gang und Gewalt-anwendung in den verschiedensten Formen an der Tagesordnung ist. Praktisch, theoretisch, seelsorgerlich und theologisch hat sie *ihre Sendung* in Bezug auf diesen revolutionären Prozess zu definieren." [11] Diese Konfron-tation mit der Gewalt bringt die Kirche und alle, die sich für die Armen engagieren in eine enorm schwierige Position. Pablo Richard formuliert: Die „radikale Erfahrung, die Erfahrung von Tod und Leben .... . die Erfahrung des Elends, der Armut, der Unterdrückung, der Verfolgung, der Diskriminierung, der Marginali-sierung, die Erfahrung eines vorzeitigen und ungerecht-fertigten Todes" [12] und gleichzeitig aber

[9] GUTIERREZ, Gustavo: a.a.O. : S. 197.
[10] GUTIERREZ, Gustavo: a.a.O. S.199.
[11] GUTIERREZ; Gustavo: a.a.O. S.196.
[12] RICHARD Pablo: „Die Theologie in der Theologie der Befreiung" in ELLACURIA, Ignacio/ SOBRINO Jon (HG) „Mysterium Liberationis" Band 1; Luzern 1995; S.189.

auch „die Erfahrung des Kampfes für das Leben, die Erfahrung der Hoffnung, des Selbst-bewusstseins und der Freude der Armen"[13] ist eben gleichsam Erfahrung einer Kirche, die in der radikalen historischen Situation herausgefordert ist und gerade in aller tragischen und doch zukunfts-orientierten Geschichte ist es Gott, der wie in einem „Exodus – Geschehen"[14] durch die Kirche aus dem Leid herausführen kann. Die Theologie der Befreiung dient diesem Prozess und reflektiert ihn gleichzeitig, wobei die gesamte theologische Reflexion geprägt wird „durch diesen geschichtlichen Gegensatz von Tod und Leben."[15]

1.1.2. Paradigmenwechsel im Selbstverständnis der Kirche

Die bereits zuvor schon angesprochenen Konflikte im innerkirchlichen Kontext dürfen nicht von dem entscheidenden Auftrag und der entscheidenden Sendung der Kirche abhalten. Mit dieser Sendung verbindet sich eine neue Weise Kirche zu sein:

„Für die Beschreibung ihrer Sendung ist der politische Kontext wichtiger als innerkirchliche Probleme. Ihre größte Unterlassungssünde bestände nämlich in einer ekklesiozentrischen Beschäftigung mit sich selbst. .... Nur ein Bruch mit der derzeitigen ungerechten Ordnung und ein uneingeschränktes Engagement für eine neue Gesellschaft lassen die Liebesbotschaft der Kirche in den Augen der lateinamerikanischen Menschen glaubwürdig erscheinen."[16]

Der entscheidende Paradigmenwechsel für die Art und Weise Kirche in Lateinamerika zu sein, geschieht durch die Tatsache, dass sie Kirche der Armen wird und dazu gehört ein grundlegendes Überdenken des pastoralen Stils: „Deshalb muß die christliche Gemeinde ihren Predigtstil und ihre Art und Weise, den Glauben zu leben und zu feiern, einer gründlichen Revision unterziehen"[17]

Die Kirche wird nie Kirche der Armen werden und zu einer echten Theologie der Befreiung gelangen und damit eine eigene Identität entwickeln , „...wenn die Unter-drückten nicht selbst frei ihre Stimme erheben und sich unmittelbar und in schöpferischer Weise in Gesellschaft und Kirche äußern können. Sie selbst haben >>Rechenschaft zu geben von der Hoffnung<<, die in ihnen ist, und ihre Befreiung aus eigener Kraft zu bewirken."[18]

1.1.2.1 Einfache Leute lesen die Bibel und sagen, was Welt und kirchlicher Dienst ist

Was durch die über Jahrzehnte lang anhaltende Diskussion und wissenschaftliche Auseinandersetzung fast nicht mehr sichtbar ist, sind die Anfänge in der gerade Ernesto Cardenal aber auch andere in der basiskirchlichen Bewegung begonnen, mit den einfachen Leuten die Bibel zu lesen und darin einen Paradigmenwechsel vorzunehmen, durch den das Selbstverständnis der Kirche sich im Sinne von Gutierrez grundlegend veränderte.

---

[13] RICHARD, Pablo: a.a.O. S.189.
[14] Vgl. SEGUNDO, Luis Juan: „Freiheit und Befreiung" in ELLACURIA, Ignacio/ SOBRINO, Jon (HG) „Mysterium Liberationis" Band 1; Luzern 1995; S.379.
[15] RICHARD, Pablo: a.a.O. S.189.
[16] GUTIERREZ, Gustavo: a.a.O. S.197.
[17] GUTIERREZ, Gustavo: a.a.O. S.197.
[18] GUTIERREZ, Gustavo: a.a.O. S.362.

Durch das Lesen der Bibel mit und durch einfache, arme Leute und die sich neu entwickelnde biblische Hermeneutik[19] gelang es, das einzuleiten, was Gutierrez meint, wenn er sagt, dass die Unterdrückten sich in schöpferischer Weise in der Kirche äußern.(s.o.) Bezeichnend ist die Haltung gegenüber den Armen, die die Bibel lesen: eine demütige Haltung, die auf das hört, was die Kleinsten zu sagen haben. Darin aber erfährt die Kirche jene große Kraft, die in den Worten der Ärmsten Ausdruck des heiligen Geistes ist. So ist in den Worten der „Bauern von Solentiname" die Cardenal im Buch gesammelt hat der „wirkliche Verfasser" dieses Buches „der Geist, der ihnen ihre Worte eingab (die Bauern von Solentiname wissen sehr wohl, dass er es ist, der durch sie spricht), derselbe Geist, der auch die Evangelien inspirierte. Es ist der heilige Geist, der Geist Gottes, eingegangen in die Gemeinschaft..."[20]

Dieses Hören auf die Armen führt hinein in die Dimension von Kirche, die als dienende Kirche eine neue Sicht von der Welt bekommt und ihre Sendung in der Welt neu bestimmt. Am Beispiel der Situation der Kirche in El Salvador formuliert Oskar Romero 1980.: „Unsere salvadorianische Welt ist keine Abstraktion,...... Sie ist vielmehr eine Welt, die fast ausschließlich aus armen und unterdrückten Männern und Frauen besteht. Und von dieser Welt sagen wir, dass sie der Schlüssel ist zum Verständnis des Glaubens, des Handelns der Kirche, der Schlüssel zum Verständnis der politischen Dimension dieses Glaubens und dieses kirchlichen Handelns ist. Es sind die Armen, die uns sagen, was Welt und was kirchlicher Dienst an der Welt ist. Es sind die Armen, die uns sagen, was die polis, was die Stadt ist, und was es für die Kirche bedeutet, wirklich in der Welt zu leben."[21] Die sich neu entwickelnde „Sozial und Praxisform von Kirche"[22] manifestierte sich Ende der sechziger Jahre in den „Basisgemeinden", die sich sehr rasch über den lateinamerikanischen Kontinent ausbreiteten

Die kirchliche Situation zu Beginn der sechziger Jahre beschreibt Enrique Dussel in seiner „Geschichte der Kirche in Lateinamerika" mit dem Hinweis auf einige Hirtenbriefe latein-amerikanischer Bischöfe angesichts der Einberufung des Zweiten Vatikanischen Konzils, es ginge in diesen bischöflichen Schreiben um die Themen dieser Jahre: „Gefahr des Kommunismus, Diskussionen um das Schulwesen; von den schwierigen theologischen Fragen, die sich anbahnen, nichts; ebenso wenig von einer wirklichen Zusammenarbeit mit den Laien, kaum etwas von den Theologen und Priestern. Wir sind in Trient."[23]

1.1.2.2. Gottes und Christi Gegenwart in der Welt der Armen

Die aus der biblischen Tradition und der neuen Her-meneutik der befreiungstheologischen Konzeption wieder neu zur Sprache gebrachte Wirklichkeit ist, dass in der Welt der Armen

---

[19] Vgl. GORGULHO, Gilberto da Silva: „Biblische Hermeneutik" in ELLACURIA, Ignacio/ SOBRINO, Jon (HG) „Mysterium Liberationis" Band 1; Luzern 1995; S. 155 ff.

[20] CARDENAL, Ernesto: „Das Evangelium der Bauern von Solentiname" 2.Aufl. Gütersloh 1980, S.12.

[21] ROMERO, Oskar: „Die politische Dimension des Glaubens" in SIEVERNICH, Michael (HG.) „Impulse der Befreiungs-Theologie für Europa" München/ Mainz 1988; S. 57 /58.

[22] METTE Norbert/ STEINKAMP Hermann in: FORNET – Betancourt (Hg.) „Befreiungstheologie Kritischer Rückblick Band 3; S.10.

[23] DUSSEL, Enrique: „Die Geschichte der Kirche in Lateinamerika"; Matthias Grünewald Verlag, Mainz 1988; S.220.

„der bevorzugte Ort der Gegenwart und Offenbarung Gottes" [24] ist. Zugespitzt auf die Fraue nach Christus formuliert Jon Sobrino ausgehend von der Methodik und Hermeneutik der Befreiungstheologie entsprechend seine Christologie: „Der Menschensohn ist in den Armen dieser Welt gegenwärtig"[25] und infolge dessen gilt es auch umgekehrt, wie es Gutierrez beschreibt: „Wir begegnen Gott in den Kontakten mit den Menschen, besonders aber mit den Ärmsten und denen, die von anderen Menschen ausgebeutet und an den Rand der Gesellschaft gedrängt werden. Eine Liebesinitiative zu ihren Gunsten ist eine Tat Gott gegenüber. Deshalb spricht Congar vom >>Sakrament des Nächsten<< als sichtbarer Wirklichkeit, die uns den Herrn offenbart und es uns ermöglicht, ihn aufzunehmen."[26] Wie sehr dieser Aspekt der „Gegenwart Gottes in der Welt der Armen" und der Christologie Sobrinos Widerspruch erfährt, dokumentieren die röm. Notationen, die korriegierend eingreifen wollen und die entsprechenden Abhandlungen darüber.[27] Vielleicht ist aber gerade da, wo am meisten Widerspruch entsteht, auch am meisten das Ringen um die Wahrheit angesagt, eine Wahrheit die eben als „Gegenprobe" angeboten wird. So formuliert Jon Sobrino: „Doch als Gegenprobe bietet die latein-amerikanische Christologie die unleugbare Tatsache an, dass sie von den Armen als theologischem Ort aus fundamentale christologische Wirklichkeiten - von zentraler Bedeutung in der Botschaft des Evangeliums, wie die vatikanische Instruktion über die Theologie der Befreiung bestätigt - wiederentdeckt hat, die jahrhundertelang im Schlaf der Gerechten versunken war."[28] Unabhängig davon, wie der Lehrstreit ausgehen mag, bleibt in Lateinamerika in weiten Teilen eine veränderte Kirche mit der - von Guttierez damals eingeforderten - „Revision ihrer Pastoral" (s.o.) - als kirchen- geschichtliches Faktum. Die Kirche auf diesem Kontinent hat ihre lateinamerikanische Identität gefunden, zumindest da, wo es zugelassen wird. Was ebenso von immenser Bedeutung ist: Da, wo es gelungen ist, hat sie es geschafft ohne in die Spirale der Gewalt abzudriften und ohne sich einer falschen Vorstellung von „Sozialismus" bzw. „Marxismus"[29] zu verschreiben, Gesell-schaft nachhaltig zu beeinflussen, des weiteren verwirklichte die Kirche Lateinamerikas darin massgeblich ihre Sendung, dass die Armen „Subjekt der Geschichte"[30] werden. Durch diese neue Weise Kirche zu sein, wurde es für die Armen möglich eben existentiell zu erfahren, dass „die Option für die Ärmsten gerade eine Option für das Leben" ist, „in der es in letzter Konsequenz um eine Entscheidung für den Gott des Lebens geht"[31].

[24] RICHARD Pablo: „Die Theologie in der Theologie der Befreiung" in ELLACURIA, Ignacio/ SOBRINO, Jon (HG) „Mysterium Liberationis" Band 1; Luzern 1995; S. 189.

[25] SOBRINO, Jon: „Systematische Christologie, Jesus Christus, der absolute Mittler des Reiches Gottes" in ELLACURIA, Ignacio/ SOBRINO, Jon (HG) „Mysterium Liberationis" Band 1; Luzern 1995; S. 155 ff.

[26] GUTIERREZ, Gustavo: „Theologie der Befreiung", 10. Aufl. Mainz 1992; S. 259.

[27] Vgl. dazu u.a.: WEß Paul: „GOTT, Christus und die Armen", eine Rückbesinnung auf den biblischen Glauben als Beitrag zur Lösung des Konflikts in der Befreiungstheologie", Münster 2010.

[28] SOBRINO, Jon: „Systematische Christologie, Jesus Christus, der absolute Mittler des Reiches Gottes" in ELLACURIA, Ignacio/ SOBRINO, Jon (HG) „Mysterium Liberationis" Band 1; Luzern 1995; S. 591.

[29] Vgl. Vgl.SCHLEGELBERGER, Bruno/SAYER Josef/WEBER, Karl: „Von Medellin nach Puebla"; Düsseldorf 1980; S.164 ff.

[30] Vgl. HASENHÜTTL, Gotthold : „Freiheit in Fesseln" , Zürich 1987; S.104 ff.

[31] GUTIERREZ, Gustavo: I Teil: „Der Gott der Armen in einer globalen Welt" in „Nachfolge Jesu und Option für die Armen, Beiträge zur Theologie der Befreiung im Zeitalter der Globalisierung." Hrsg. DELGADO, Mariano, Fribourg/Stuttgart 2009

Gleichzeitig wird dabei die sich schon in dieser Welt fortsetzende Verwirklichung des „Reiches Gottes" [32] wahrnehmbar, das in Jesus Christus angebrochen ist.

1.2. Die Rolle der Kirche in den 80 Jahren am Beispiel Perus

Dass die Kirche die Herausforderung der geschichtlichen Situation in der Gesellschaft Lateinamerikas in den vergangenen Jahrzehnten angenommen hat und auf ihre ganz eigene Weise pastoral wie theologisch die Probleme zu lösen versuchte , dokumentieren zum einen die Dokumente der Vollversammlungen des lateinamerikanischen Episkopates von Medellin bis Puebla [33] und schließlich bis Aparecida.[34] Karl Weber formuliert in Bezug auf Medellin: „In Medellin hatten sich die Bischöfe zur geschichtlichen Rolle der Kirche in den Befreiungsbewegungen des Kontinentes bekannt. In diesen zehn Jahren seit Medellin findet man das Stichwort >Befreiung< in der Verbindung mit einer auf die unterdrückten Menschen ausgerichteten Pastoral und zugleich in Verbindung mit verschiedenen Ansätzen theologischer Reflexion, der sogenannten Theologie der Befreiung."[35] Darin spiegele sich ein „Erneuerungswille der lateinamerikanischen Kirche"[36]. Über den weiteren Fortgang der Entwicklung im Blick auf Puebla sagt Weber: „Wenn die Kirche im Puebla Dokument sich rühmt, sie habe sich allmählich von jenen gelöst >> die die wirtschaftliche oder politische Macht unrechtmäßig für sich beanspruchen<< und sie befreie sich so von Abhängikeiten und entäußere sich ihrer Privilegien (vgl.623) dann zeigt sie an dieser und an anderen Stellen, dass sie gesamthaft – also nicht nur in ein paar Exponaten – in einem Befreiungsprozess steht, den sie sozusagen auf Antrieb des heiligen Geistes selbst ausgelöst hat."[37]

Für das Land Peru - als Beispiel – ist die Beurteilung der Rolle der katholischen Kirche im Bericht der Wahrheits- und Versöhnungskommission von großer Bedeutung. Durch diese klare Beurteilung wird unumstösslich dokumentiert, dass die Kirche ihre Position an der Seite der Armen eindeutig eingenommen hatte und bedeutenden Einfluss gewann: „Nach Erkenntnissen der Wahrheits- und Versöhnungskommission spielte die katholische Kirche in der Epoche der Gewalt eine wichtige Rolle für die Begleitung und den Schutz der peruanischen Bevölkerung, die unter der Gewalt der subversiven Organisationen und der staatlichen Sicherheitskräfte zu leiden hatte. In vielen Regionen des Landes erhob sie ihre Stimme, um Verbrechen und Menschenrechtsverletzungen anzuklagen, und sie proklamierte und verteidigte den Wert des Lebens und der Menschenwürde".[38] Auf allen

---

[32] Vgl. GALILEA; Segundo: „Die Theologie der Befreiung nach Puebla. Die wichtigsten theologischen Themen „ in: SIEVERNICH; Michael: „Impulse der Befreiungstheologie für Europa" München/ Mainz 1988; S.94.

[33] Vgl.SCHLEGELBERGER, Bruno/SAYER Josef/WEBER, Karl: „Von Medellin nach Puebla"; Düsseldorf 1980, S. 199ff.

[34] Vgl. STIMMEN DER WELTKIRCHE 41; „Das Schlußdokument der 5.Generalversammlung des Episkopates von Lateinamerika und der Karibik" Sekretariat der deutschen Bischofskonferenz, (Hrsg) Bonn 2007

[35] WEBER, Karl: „Die Konferenz von Puebla und die Befreiungstheologie" in: SCHLEGELBERGER, Bruno/SAYER Josef/WEBER, Karl: „Von Medellin nach Puebla"; Düsseldorf 1980; S.183/184

[36] WEBER, Karl; a.a.O. S.184

[37] WEBER, Karl: a.a.O.: S.184.

[38] LERNER FEBRES, Salomon / SAYER Josef (Hg) „Wider das Vergessen" Bericht der Wahrheits- und Versöhnungskommission, Peru; Ostfildern 2008; S.63/64.

Ebenen, so bestätigt die Kommission, sei man durch die verlässliche und hartnäckige Haltung gegen die immer mehr zunehmende Gewalt in Peru für die Menschen eingetreten, und sei so über die Bischöfliche Kommission für soziale Aktion (Comisión Episcopal de Acción social), die Solidaritätsvikariate (vicariás de la solidaridad) und weitere Institutionen zum „Schutzschild gegen Menschenrechtsverletzungen"[39] geworden. Besonders auch gegen die Übergriffe der Staatsgewalt und gleichzeitig auch des Sendero Luminoso zeigte die Beharrlichkeit und die Bereitschaft der kirchlichen Mitarbeiter auch das eigene Leben zu riskieren auf Dauer Wirkung. Dadurch gewann die Haltung der Kirche an immenser Bedeutung: „Sie prangerte Übergriffe öffentlich an, klärte Einzelpersonen und Gemeinden über ihre Rechte auf und unterstützte sie bei deren Wahrnehmung durch Rechtsberatung für die Bevölkerung und auch für Gefangene. Möglich wurde dies durch die organisierten, engagierten Bemühungen von Pastoralvertreterinnen und – vertretern innerhalb und außerhalb der Notstandsgebiete." [40]

2. Herausforderung für die Kirche als Ganzes.

Der weltweite Auftrag der Kirche das Evangelium zu verkünden geht einher mit der grundsätzlichen Sorge um den Menschen gerade auch in den bedeutensten Bereichen wie Freiheit, Gerechtigkeit und Frieden. Der Weltkatechismus formuliert im Kontext der Friedensthematik: „Damit das Menschenleben geachtet wird und sich entfalten kann muß Friede sein. Friede besteht nicht einfach darin, dass kein Krieg ist...Friede herrscht nur dann, wenn die persönlichen Güter gesichert sind, die Menschen frei miteinander verkehren können, die Würde der Person und der Völker geachtet und die Brüderlichkeit unter den Menschen gepflegt wird. Der Friede besteht in der „Ruhe der Ordnung" (Augustinus civ.19,13). Er ist das Werk der Gerechtigkeit und die Wirkung der Liebe."[41] War dieses Postulat einst im Blick auf den Ost-West Konflikt formuliert, so gilt es natürlich heute noch und Welt weit.

2.1. Die Erde ist rund

Die Feststellung „die Erde ist rund" [42], wird uns heute, rund 500 Jahre nach der ersten Weltumsegelung durch Magellan, im Begriff und in den grundsätzlichen Fragen um Globalisierung deutlich vor Augen geführt. Was damals epochaler Einschnitt für Wissenschaft Weltbild und Weltgeschichte war, ist heute Selbstverständlichkeit.

Darüber hinaus: Mit dem Blick vom Mond und den ersten Bildern von der Erde aus dem All Anfang der 60 er Jahre des vergangenen Jahrhunderts wird es endgültig regelrecht bildlich vor Augen geführt: ´die Erde ist rund´ und mit der Weiterentwicklung der Wissenschaft vor allem der Naturwissenschaften und der Physik wird eine neue Sicht und Perspekive immer mehr notwendig, nämlich in den Kategorien von „Verbundenheit" und

---

[39] Ebd.: S.63/64 .
[40] Ebd. S.63/64
[41] KATECHISMUS DER KATHOLISCHEN KIRCHE, Oldenburg 1993; S.585.
[42] LOHMANN, Dieter: Die Erde ist rund – Magellan und die Folgen" in PIGAFETTA Antonio: „Mit Magellan um die Erde" „Ein Augenzeugenbericht der ersten Weltumsegelung" , GRÜN Robert (HG.) Stuttgart 2001.

„Beziehung"[43] zu denken und zu leben, die zum einen gerade den Reiz der Globalisierung ausmachen, zum anderen aber nicht darüber hinwegtäuschen dürfen, was die Schattenseiten einer falsch verstandenen - nur auf die ökonomischen Ziele ausgerichteten - Globalisierung als Folgen haben können und in der Geschichte bereits hatten. Dass selbst die Wissenschaft, allen voran die Naturwissenschaften mit der Physik, einen Paradigmenwechsel in jüngster Zeit mitvollziehen mussten und weiterhin voranbringen müssen, beschreibt Hans Peter Dürr, ein Schüler Werner Heisenbergs. Er spricht von der „Pflicht zur Mitnatürlichkeit"[44] und dem Aufbrechen eines „immer noch mechanistisch geprägtern Weltbildes."[45] Mit dem Blick auf diesen Wandel auch im naturwissenschaftlichen Weltbild formuliert er: „Die Natur ist demnach in ihrem Grunde nur Verbundenheit, das Materielle stellt sich erst hinterher heraus. ... Wir können kaum über Verbundenheit nachdenken, ohne zu überlegen, was womit verbunden ist. Es gibt nur wenige Substantive in unserer Sprache, die Verbundenheit elementar ausdrücken: Liebe, Geist, Leben. Letztlich sind dafür eher die Verben geeignet: leben. lieben, fühlen, wirken, sein. Wir sagen also: Wirklichkeit ist nicht dingliche Wirklichkeit, Wirklichkeit ist reine Verbundenheit oder Potenzialität. Wirklichkeit ist die Möglichkeit, sich unter gewissen Umständen als Materie und Energie zu manifestieren, aber nicht die Manifestation selbst. Diese fundamentale Verbundenheit führt dazu, dass die Welt eine Einheit ist. Es gibt streng genommen überhaupt keine Möglichkeit, die Welt in Teile aufzuteilen, weil alles mit allem zusammenhängt."[46]

2.2. Fundamentale Verbundenheit

Für das menschliche Zusammenleben kann diese neue Erkenntnis der modernen Physik, wie sie H.P. Dürr nennt, als „hilfreicher Einstieg" dienen, denn der Mensch wird „im allverbundenen Gemeinsamen in seiner nur scheinbaren Kleinheit zugleich unendlich vielfältig einbezogen und bedeutsam."[47] Der einzelne kann sich als „Faser im Gewebe des Lebens"[48] verstehen, woraus folgt: „Unser individuelles Handeln beeinflusst auch wieder die gesamte gesellschaftliche Verfasstheit und verändert die sich ständig dynamisch wandelnde Potenzialität der lebendigen Wirklichkeit"[49] Aus den Zusammenhängen, die die Naturwissenschaften in der jüngsten Zeit erkannt und erforscht haben, lernen wir, „dass wir, wie alles andere auch, untrennbar mit dieser wundersamen irdischen Geobiosphäre verbundene Teilnehmende und Teilhabende sind."[50]

2.2.1. Die theologische und ekklesiologische Qualität des „Kat-holos"

Der weltumspannende Charakter der katholischen Kirche ist eine besondere Qualität. Die Verbundenheit der Gläubigen in der Kirche über den ganzen Globus hinweg mag zwar, was

---

[43] DÜRR, Hans Peter: „Warum es ums Ganze geht. Neues Denken für eine Welt im Umbruch"; München 2009; S.103.
[44] DÜRR a.a.O. S.78
[45] Vgl. DÜRR a.a.O. S.111
[46] DÜRR a.a.O. S.103
[47] DÜRR a.a.O. S.167
[48] DÜRR a.a.O. S.167
[49] DÜRR a.a.O. S.167
[50] DÜRR a.a.O. S.167

grundsätzliche Entscheidungen im Blick auf die ganze Kirche angeht, manchmal auch durchaus schwerfällig wirken, aber das „kat - holos" birgt enorme Chancen in sich. „Alles umfassend" im dogmatischen Sinn aber eben auch im sozial - geographischen Sinn bedeutet: zum einen: Es gibt eine besondere Qualität in der Verbundenheit der ganzen Kirche, die natürlich in der theologischen Wahrheit liegt: In Gott als dem Schöpfer der Welt und dem „Ur- Grund allen Seins" und in Christus als dem „Weltenherrscher" am Ende der Zeiten, dem Erlöser der Welt und im heiligen Geist sind wir eins, aber deshalb ist – zum anderen - der kirchlich – soziologische Sinn nicht weniger wichtig bis hin zu einem kirchlich geographischen Sinn. Es gibt keine Ecke dieser Erde, an die man nicht hingelangen könnte oder die soweit weg wäre oder unerreichar wäre, dass es keine Möglichkeit gäbe, die Verbindung dahin aufzunehmen. Die „fundamentale Verbundenheit"[51], wie sie Dürr im Kontext der Naturwissenschaft und deren neu zu definierendem Weltbild postuliert, ist immer schon auf religiöser ekklesiologischer Ebene bedacht Bestandteil der Katholizität der Kirche. Ohne die Verbundenheit der Gläubigen untereinander - und dies weltweit - könnte Kirche nicht Kirche sein. Würde die Kirche darüber hinaus nicht in Verbundenheit mit der Welt und ihren geschichtlichen Ereignissen stehen, würde sie ihren Sinn letztendlich verfehlen.

2.2.2. Heil sein von Einzelnen und Heil sein von Gemeinschaft und in Gemeinschaft

Aus dieser Perspektive der „fundamentalen Verbundenheit" und natürlich aus der Sicht der moralisch - ethischen Verantwortung des christlichen Glaubens gilt es „Heil sein" und „Heil werden" zu interpretieren. „In der Ethik geht es um das Personsein, um heile persönliche Beziehungen, um das Heilsein und Heilwerden von Gemeinschaft und Gesellschaft. ...Die Lehrer des Heils schauen vor allem auf heile und heilende zwischenmenschliche Beziehungen und auf gesunde Bezüge zwischen den verschiednen Gemeinschaften und gesellschaftlichen Gruppierungen. Das Leitmotiv dieser Moral verlangt eine Grundentscheidung zugunsten einer Verantwortlichkeit und Treue fördernde Gestalt der Kirche und der Gesellschaft und der Förderung gesunder Beziehungen und Wechselwirkungen auf allen Gebieten." [52]

Der Blickwinkel dieser moralisch - ethischen Prämisse ist zunächst auf Gemeinschaft im engeren Sinn und Gesellschaft in einem überschaubaren Rahmen ausgerichtet, wird aber angesichts der Globalisierung nochmals erweitert werden müssen. Im Sinne der „fundamentalen Verbundenheit" und des ethischen Aspektes der heilenden zwischen-menschlichen Beziehungen steht die Kirche nochmal vor einer neuen Herausforderung als Ganzes. Betrachtet man die Situation der Menschheit als Ganzes und sieht man das Gefälle von Armen und Reichen global in ihren Verhältnissen, so ist letztendlich die Frage nach der Armut nicht nur eine Frage der Gesellschaften der einzelnen Kontinente und Länder, sondern sie ist zum einen eine Frage der Staatengemeinschaft der Welt[53] zum anderen für die Christen eine Frage der Kirche in ihrem Selbstverständnis als Welt - Kirche. Im Rahmen

---

[51] Vgl. DÜRR a.a.O.

[52] HÄRING, Bernhard: „Frei in Christus, Moraltheologie für die Praxis des christlichen Lebens" Band 1, Freiburg 1989

[53] Vgl. GUTIERREZ, Gustavo: in DELGADO; Mariano (HG.) "Nachfolge Jesu und Option für die Armen" Fribourg/Stuttgart 2009 „Heute hat die Frage der Solidarität internationale Bedeutung". S.122

ökumenischer Betrachtung ist es sicher auch nochmal eine spannende Frage für die gesamte Christenheit.

Die katholische Kirche als Weltkirche steht - historisch gesehen - vor einer globalen Herauforderung, wie sie noch nie da gewesen ist, ähnlich wie der lateinamerikanische Kontinent mit seiner Kirche vor einer „kontinentalen Herausforderung" stand im ausgehenden Zwanzigsten Jahrhundert und auch heute noch steht. Besondere Brisanz bekommt diese globale Herausforderung, wenn man, wie der Weltkatechismus Lumen Gentium 51 zitierend darauf hinweist: „Wir alle, die wir Kinder Gottes sind und eine Familie in Christus bilden, entsprechen, sofern wir in gegenseitiger Liebe und in dem einen Lob der heiligsten Dreifaltigkeit miteinander Gemeinschaft haben, der innersten Berufung der Kirche."[54]

Gleich zwei Punkte stechen heraus: darf es in einer „Familie in Christus" zu einem solchen Gefälle kommen zwischen Reichen und Armen[55], mangelnder Gerechtigkeit etc. ? Das zweite ist: die innerste Berufung der Kirche findet ihre Entsprechung in beidem: dass wir Gemeinschaft haben in **„gegenseitiger Liebe"** und in dem **„einen Lob der heiligsten Dreifaltigkeit"**, wobei es auffallend ist, dass die „gegenseitige Liebe" als erstes genannt wird. Aus der Herausforderung um Gerechtigkeit und damit auch der Sicherung des Friedens ergeben sich, ähnlich wie in Lateinamerika Spannungen auf der globalen Ebene mit der Gesellschaft. So ist sicher die Frage berechtigt: „Kirchen und Christen haben einen weltweiten Auftrag zur Verkündigung des Evangeliums. Die Menschenrechte gelten universal. Passt beides zusammen, oder ergeben sich daraus Spannungen oder gar Konflikte. Setzen Kirchen ihre Sendung in der Praxis um, oder gibt es auch Probleme innerhalb ihrer Kreise?"[56] Die entscheidende Frage, die sich daran anschließt, ist tatsächlich, wie gelingt es speziell der katholische Kirche als „Global Player"[57] ihr „soziales Gewicht einzusetzen", wie es Gutierrez schon einst für Lateinamerika eingefordert hatte, und das nun eben global. Es gilt zu schauen, wie die Postulate nach einer „Familie in Christus" oder der „Fundamentalen Solidarität" in die Praxis umgesetzt werden können.

2.3. Weltkirchliche Solidarität verwirklichen an der Basis: Beispiel Partnerschaften

Eine Möglichkeit weltkirchliche Solidarität in die Praxis umzusetzen, sind Partnerschaftsprojekte, wie es sie in manchen Diözesen schon gibt.

Die Bedeutung solcher Partnerschaftsprojekte darf man nicht unterschätzen. Oft sind die sogenannten Dritte Weltgruppen am Rande der Kirchengemeinde geduldet oder das Sonderinteresse einiger Idealisten. Doch diese Sicht der Partnerschaftsprojekte würde ihnen nicht gerecht werden, denn „Gemeindepartnerschaften können einen Rahmen bilden, in der die lebensnotwendigen Alternativen zur alles beherrschenden Globalisierung

---

[54] Lumen Gentium 51 zitiert in : KATECHISMUS DER KATHOLISCHEN KIRCHE, Oldenburg 1993; S.277
[55] Vgl. GUTIERREZ Gustavo in: DELGADO; Mariano (HG.) "Nachfolge Jesu und Option für die Armen" Fribourg/Stuttgart 2009; S.58;
[56] MIHR, Anja: Universale Geltung der Menschenrechte – Erwartungen an den Global Player Kirche"; in: „Menschenrechte als Verantwortung der Kirchen", München 2010, S. 9
[57] MIHR, Anja: a.a.O. S. 9.

aus dem Geist Christi heraus eingeübt und gelebt werden können."[58] Mit anderen Worten Globalisierung geschieht meistens aus ökonomischen Interessen. Hinter vielem steht die Wirtschaft, die ihre globalen Strukturen teilweise rücksichtslos und mit Menschenrechtsverletzungen ausbaut. Demgegenüber können kirchliche Partnerschaften und darüberhinaus natürlich auch nicht kirchliche Gemeindepartnerschaften eine weltumspannende Solidaritätsgemeinschaft bilden. Für die kirchlichen Partnerschaften gilt das, was Willi Knecht so formuliert, sie können „mit Jesus den Beginn einer neuen Zeit verkünden, in der die Menschen gemeinsam das Brot brechen und im Frieden mit der Schöpfung und allen Geschöpfen leben."[59]

Im Folgenden, wo es um die Herausforderung der Kirche als Ganzes geht , soll das Peru – Partnerschafts Projekt der Erzdiözese Freiburg (Deutschland) als Beispiel und Ausdruck der Sozialgestalt von Kirche und gelebter christlicher Solidarität jüngster Kirchengeschichte im Überblick dargestellt werden.

In Bezug auf das Thema Partnerschaft gilt es die Situation der Partner genau zu erschließen, da ja die Situation der Armen anderst ist, als die der Reichen und damit auch Gefälle im Blick auf die rein materielle Situation schon vorgegeben ist, aber ideell ausgeschlossen werden sollen. Das Prinzip der „Weltkirche als Lerngemeinschaft" berücksichtigt diesen Punkt.[60]

2.3.1. Grundanliegen der Partnerschaft

150 Pfarreien der Diözese Freiburg i. Br. sind inzwischen in Partnerschaften mit Peru eingebunden. Die Partner-schaft begann 1963 eigentlich zunächst mit der Ent-scheidung, die Priesterausbildung in Peru mit finanziellen Mitteln zu unterstützen, später entstand die Idee, dass auch Pfarreien in denen dann die peruanischen Priester, die unterstützt wurden, arbeiteten, in Partnerschaften einbezogen werden könnten.

Der Diözesanrat der Katholiken der Diözese Freiburg setzte sich nach einem ersten Schritt im Jahr 1980 dafür ein, eine „Partnerschaft" zwischen deutschen und peruanischen Pfarrgemeinden als Weiterführung der "Patenschaftsaktion" einzurichten. Domkapitular Dr. Wolfgang Zwingmann, der 1992 verstarb, wird zu einem engagierten Fürsprecher. Bereits erste gute Peru-Erfahrungen gibt es in der Pfarrgemeinde Neuburgweier und der CAJ. [61]

Dr. Wolfgang Zwingmann prägte die Partnerschaft über ein Jahrzehnt. Aus einem Brief an die Gemeinden in Peru schreibt er über die „geistliche Dimension" der Partnerschaft: „Partnerschaft ist möglich, auch über Grenzen von Ländern und Kontinenten, von Rassen, Kulturen und Sprachen hinweg, weil es zwischen Menschen mehr Gemeinsames und Verbindendes als Unterschiedliches und Trennendes gibt. Glaubende sind der Überzeugung, dass der letzte Grund dafür die Tatsache ist, dass alle Menschen ohne jede Ausnahme in Gott ihren gemeinsamen Ursprung haben. Er hat jeden nach seinem Abbild

---

[58] KNECHT Willi Dr.: „Eine lokale Kirche in der globalen Gemeinde Jesu Christi" in www.williknecht.de/texte/kirche-3/30-eine-lokale-kirche-in-der-globalen-gemeinde-jesu-christi-35; S.1. Download vom 23.11.2022

[59] KNECHT Willi a.a.O.: S.1.

[60] Vgl. dazu PIPEL, Klaus: „Lerngemeinschaft Weltkirche; Lernprozesse in Partnerschaften der Ersten und Dritten Welt." Dissertation Paderborn 1992 publiziert in der Reihe MISEREOR DIALOG, 1993.

[61] siehe dazu die Publikationen unter: /www.partnerschaft-freiburg-peru.de

geschaffen. Er hat zu jedem unwiderruflich sein Ja gesagt. Es macht es möglich, dass die Menschen zueinander finden können. Das ist zugleich der Auftrag, auf dieser Erde ungeachtet aller bestehenden Grenzen nach konkreten Weisen eines Miteinanders zu suchen, dass den Zeichen der je-weiligen Zeit entspricht. Christen dürfen noch einen ganz entscheidenden Schritt weiter-gehen. Sie glauben daran, dass in Jesus Christus Gottes eigener Sohn unser aller Bruder ge-worden ist und dass er uns damit auch untereinander wirklich zu Schwestern und Brüdern verbunden hat. Sie wissen, dass die Gemeinschaft, die sie in der Kirche bilden, sie alle zu Gliedern eines einzigen Leibes macht. Sie sind sich vor allem dessen bewusst, dass das Brot der Eucharistie sie nicht nur mit dem in ihm anwesenden Herrn, sondern mit allen verbindet, die irgendwo auf der Erde zu diesem Mahl der sich verschenkenden Liebe geladen sind. Sie kennen Jesu Wort aus dem Matthäusevangelium, dass er selbst ihnen in den Hungernden, den Durstigen, den Obdachlosen, den Gefangenen begegnet. Jesus Christus hat alle zwischen uns vorhandenen trennenden Grenzen niedergerissen. Das ist eine Wahrheit, die heute von uns gelebt werden will."[62]

Der Freiburger Erzbischof Dr. Oskar Saier griff 1984 die Anregung des Diözesanrates für Pfarreipartnerschaften auf und trat in Kontakt mit dem Vorsitzenden der Peruanischen Bischofskonferenz Kardinal Juan Landázuri Ricketts. Zunächst ist eine Partnerschaft mit der Erzdiözese Lima und einigen weiteren Diözesen angedacht. Die Peruanische Bischofskonferenz äußerte aber die Bitte, dass alle Bistümer Perus an der Partnerschaft teilnehmen können. *"Compartir para crecer – Teilen um zu wachsen"* wird zum ersten Leitwort der Partnerschaft.[63]

In einem feierlichen Gottesdienst im Freiburger Münster fand die Partnerschaft am 23 Februar 1986 offiziell ihren Ausdruck unter Anwesenheit von Kardinal Landázuri Rickets aus Lima um „die im Zweiten Vatikanischen Konzil vorgezeichneten Wege der weltkirchlichen Verbundenheit noch konkreter werden zu lassen."[64]

2.3.2. Den weltumfassenden Charakter der Kirche konkret werden lassen

Dr. Oskar Seier, der frühere Erzbischof von Freiburg i. Br., formuliert bzgl. der Partnerschaft: „Heute wissen wir von Menschen und Völkern von deren Existenz die Generationen unserer Vorfahren noch keine Ahnung hatten, geschweige denn eine genaue Kenntnis hatten. …Wir sind immer mehr aufeinander angewiesen. Das spürt vor allem die junge Generation und engagiert sich nicht selten in der sogenannten ´Eine-Welt-Arbeit´. Für unserer Kirche ist dies eine besondere Herausforderung und diese heißt: Der weltumfassende Charakter unserer Kirche kann dadurch nicht nur bewusster, sondern vor allem konkreter werden."[65]

---

[62] ZWINGMANN, Wolfgang Dr. „Die geistliche Dimension der Partnerschaft" in: Brief an unsere Partnergemeinden in Peru. Publiziert unter: /www.partnerschaft-freiburg-peru.de

[63] Siehe. dazu: „Stationen der Partnerschaft" unter /www.partnerschaft-freiburg-peru.de

[64] SAIER, Oskar Dr. Erzbischof, „Miteinander Wege der Hoffnung gehen – unsere Partnerschaft mit Peru" Fastenhirtenbrief 1996; in: FREIBURGER TEXTE , Erzbischöfliches Ordinariat (HG.) Schriftenreihe des Erzbistums Freiburg Nr. 20 , 1996 S. 4,

[65] SAIER, Oskar Dr. Erzbischof, a.a.O. S.3

2.3.3. Strukturen für das Partnerschaftsprojekt Peru – Freiburg

Vom Referat Weltkirche des erzbischöflichen Ordinariates Freiburg geht der direkte Kontakt nach Peru. Domkapitular Dr. Wolfgang Sauer war lange Leiter des Referates. Inzwischen ist Weihbischof Peter Birkhofer Leiter des Referates für Weltkirche. Seit 2016 hat sich auch ein diözesaner Ausschuss „Weltkirche und Partnerschaft" konstituiert.[66] Auf Freiburger Seite werden die Partnerschaften vom Referat Weltkirche aus vermittelt. In Lima ist über die Deutsche Gemeinde San José der Kontakt über die Mitarbeiter:

Pfr. Wilfrid Woitschek (Priester des Erzbistums Freiburg) ist als "fidei-donum-Priester" Pfarrer in Churín, Diözese Huacho. Er ist hauptsächlich Berater für beide Seiten. (Peru und Freiburg).

Jürgen Huber (Pastoralreferent) ist Mitglied des Koordinationsteams "Partnerschaft" in Lima (San José), Leiter des Partnerschaftsbüros und Geschäftsführer des Consejo Nacional de la Partnerschaft Perú-Friburgo.

Jürgen Huber ist vor allem in der Beratung der peruanischen Partnergemeinden tätig und verantwortlich für administrative Aufgaben im Rahmen der Partnerschaft.

Pfr. Tibor Szeles ist Freiburger Diözesanpriester. Er ist Pfarrer der deutschsprachigen Gemeinde San José in Lima, dort laufen die Fäden in Peru für die Partnerschaft zusammen.

Auf peruanischer Seite ist die Peruanische Bischofskonferenz und sind die peruanischen Mitglieder des Consejo Nacional de la Partnerschaft Perú - Friburgo Ansprechpartner.

2.3.3.1. Eigene Erfahrungen beim Aufbau und bei der Begleitung von Pfarrei-Partnerschaften

Während meiner im Dienst der Diözese Freiburg konnte ich beim Aufbau einer Partnerschaft in der kath. Pfarrei st. Leodegar Friedingen mitwirken und bei einer weiteren Pfarrei in Singen a. Htwl. In der Pfarrei St. Peter und Paul als Begleiter der Partnerschaftsgruppe mitarbeiten. Die Pfarrei St. Peter und Paul in Singen hatte eine Partnerschaft mit der Pfarrei Sta. Cruz in Arte-Vitarte Lima.

Während die Partnerschaft in Friedingen nach nur 3 Jahren wieder aufgegeben wurde, konnte die Singener Partnerschaft der Pfarreien St. Peter und Paul mit St. Cruz in Arte-Vitarte, Lima ihr 25 jähriges Bestehen feiern.

Die Ursachen, dass die Partnerschaft der Pfarrei St. Leodegar mit ihrer peruanischen Partnergemeinde nahe Cusco aufgegeben wurde lag vor allem an der schwierigen Kooperation mit dem ortsansässigen Priester. Er stelle Geldforderungen für die Renovation seiner grossen Ortskirche und zeigte wenig Verständnis, dass unsere Pfarrei eher soziale Projekte unterstützen wollten. Wir verstanden zwar sein Anliegen, sahen aber die Not in seiner Pfarrei. Eine Delegation der Pfarrei, die zu einem Besuch in Friedingen kam, schätzte unser Anliegen, wollte isch aber verständlicherweise nicht gegen ihren Pfarrer stellen. Auf Vermittlung durch das Referat Weltkirche mit ihrem Mitarbeiter Thomas Belke, über den wir diese Partnerschaft vermittelt bekommen haben, wurde dann wegen der schwierigen Verhältnisse die Partnerschaft beendet.

---

[66] Siehe dazu: ebfr.de/Bildung-gesellschaft/gesellschaftliches-engagement/weltkirche/

2.3.3.2. Das Beispiel der Partnerschaft der Pfarrei St. Peter u. Paul, Seelsorgeeinheit Singen a. Htwl. Mit der peruanischen Pfarrei Sta. Cruz, Arte-Vitarte, Lima

Diese Partnerschaft ist gut dokumentiert zum einen in Videofilmen, die vor allem beim Besuch der Arbeitsgruppe der Pfarrei St. Peter und Paul in Arte-Vitarte gedreht wurden. 2007 konnte ich an der Reise nach Peru perönlich teilnehmen und einen Film vom Besuch drehen. Die vorhergehenden Besuche wurden von Jörg Aufdermaur filmisch festgehalten und stellen ein wertvolles Doument der Partnerschaftsarbeit dar. Bei den jährlichen Treffen der Perukreise der Diözese wurden die Filme als Beispiel gelingender Pfarrei-partnerschaften vorgeführt. Rund 7 Mitglieder umfasst der Arbeitskreis Perupartnerschaft in der Pfarrei St. Peter und Paul, Singen. Auf der Seite in Arte Vitarte ist vor allem die Sozialarbeiterin Ansprechpartnerin. Von grossem Vorteil ist, dass Jörg Aufdermaur und seine Ehefrau fliessend spanisch sprechen und so die Kommunikation vor allem per E-Mail über die Jahre aufrechterhalten und bei den gegenseitigen Besuchen dolmetschen können, wie ich selbst in Arte Vitarte erlebte.

Eine weitere Dokumentation der Partnerschaft gibt es in Form einer unveröffentlichten Diplomarbeit des Sohnes von Jörg Aufdermaur. Die Details der Partnerschaft werden in der ausstehenden Dissertation von mir aufgeführt.

Zusammenfassend lässt sich n diesem Exposée sagen, dass das Partnerschaftsprojekt im Bewusstsein der Pfarrei St. Peter und Paul, Singen fest verankert ist und die Veranstaltungen im Rahmen der Partnerschaft gut besucht werden. Auch wenn der Arbeitskreis nur 7 Personen umfasst, profitiert die Pfarrei durch diese Weltkirchenarbeit. Das Bewusstsein miteinander Kirche über Kontinente hinweg zu sein ist in den 25 Jahren Parnterschaftsarbeit gewachsen. Auch sind Impulse aus der Pfarrei Sta. Cruz in Arte-Virtarte in die deutsche Pfarrei eingeflossen. Vor allem die Besuche der peruanischen Delegation beeindruckten die Gemeindemitglieder nachhaltig. Dass der Glaube in Peru mit einer so grossen Lebendigkeit gelebt wird trotz der enormen sozialen, politischen und ökonomischen Probleme, die die Menschen in Peru haben, erstaunt unsere deutschen Gemeinden immer wieder und bestärkt, den eigenen Glauben lebendiger zu leben.

Was auch nachhaltig beeindruckt, ist wie wichtig den Menschen auf der peruanischen Seite die Partnerschaft ist. Gemeindemitglieder aus Arte-Vitarte betonen immer wieder bei den gegenseitigen Besuchen, wie gut ihnen die Solidarität der deutschen Gemeinde tut. Es ist eine nachhaltige Erfahrung für die Peruaner, dass Menschen aus Europa sich für sie interessieren, ihre Kultur respektieren und auch zu solidarischem Handeln bereit sind, indem sie Projekte zu Selbsthilfe unterstützen und Fördern. Zum Beispiel hat die Pfarrei St. Peter und Paul für die Sozialarbeiterin in Arte-Vitarte Nähmaschinen fianziert und liefern lassen. Ein kleines Zentrum wurde einegrichtet in dem Mädchen nähen lernen und so eine Näherinnen-Ausbildung erhalten, durch die sie sich Geld verdienen können und weitere Näherinnen ausbilden können. Somit konnte ein nachhaltige Hilfe im Rahmen des Partnerschaftsprojektes geleistet werden.

Aber auch das aneinander Denken und füreinander Beten spielt eine wichtige Rolle.

2.3.3.4. Das Beispiel der Partnerschaft der Pfarrei Maria Krönung in Oberried mit der peruanischen Pfarrei Inmaculada Conception in Mollendo.

Eine Dokumentation dieser Partnerschaft existiert in Form eines Buches.[67] Auch diese Pfarrei konnte ihr 20 Jähriges Partnerschaftsjubiläum im Jahr 2018 feiern. Die peruanischen Partnergemeinde ist die Pfarrei Inmaculada Conception in Mollendo. Dieser Ort liegt im äussersten Süden Perus unweit der chilenischen Grenze und gehört zur Region Arequipa. Früher ein wichtiger Ort für die Inka, wurde es im Pazifik Krieg von den Chilenen zeitweise besetzt. Weitläufige Wüste umschliesst den Ort. Ein Schwerpunkt der Partnerschaft zwischen der Pfarrei Maria Krönung und Molendo ist die finanzielle Unterstützung des Kinderheimes „Haus für Kinder" im Armenviertel von Molendo.

Der Eine – Weltkreis trifft sich regelmässig ein Mal im Monat. In ihrem Flyer zur Ausschreibung ihres Buches schreiben die Mitglieder des Eine-Welt Kreises: „In der Partnerschaft wollen wir uns auf Augenhöhe begegnen, gegenseitig respektieren und voneinander lernen." Es genügt nicht nur, dass Bischöfe sich auf höchster ebene treffen, es muss an der Basis gelebt und gestaltet werden. So heisst es weiter: „Wir sind Menschen in der Einen Welt, im Besitz der gleichen Würde, der gleichen Rechte und Pflichten. Wir stehen zuinander und helfen, wo es nötig ist. Wenn das in den Herzen verankert ist und sich tatsächlich in unserem Handeln zeigt, dann ist unsere Arbeit wirksam."[68]

2.3.3.5. Das Beispiel der Seelsorgeeinheit Emmendingen-Teningen mit der peruanischen Pfarrei San Miguel de Pallaques.

Im Gegensatz zum vorhergehenden Beispiel liegt die Pfarrei San Miguel de Pallaques im Norden von Peru in den Anden auf ca. 2000 bis 3000 Meter Höhe. Die Pfarrei hat eine grosse Fläche und zum Hauptort San Miguel gehören noch 60 kleinere weitere Orte, man könnte sie eher als Weiler bezeichnen. In San Miguel leben 2000 Personen, in den kleineren Orten sind es oft unter hundert Personen, viele davon Kinder im Schulalter. Es gibt ein Pastoralteam mit zwei Priestern und einer Ordensschwestern, in den Dörfern übernehmen Katechistas ehrenamtlich viele Dienste, wie es an vielen Orten in den Anden üblich ist. Unterstütz werden ein Comedor, in dem ca 120 Kinder der Pfarrei zu essen bekommen, das von Müttern gekocht wird. Desweiteren gibt es ein Zentrum für Menschen mit Behinderung, Dort erfahren sie und ihre Angehörigen therapeutische Unterstützung. Es gibt noch eine Berufsschule für Jugendliche, an deren Finanzierung sich die Kolpinggruppe aus Emmendingen beteiligt. Jugendliche von San Miguel erhalten dort die Möglichkeit zur Ausbildung. Ein Fahrzeug für den Prester und finanzielle Mittel für die Katechistas werden über die Partnerschaft zur Verfügung gestellt.

---

[67] HUPPERTZ Monika/STEIERT Ursula (Hrsg.): *Partnerschaft leben. Wirksame Eine-Welt Arbeit.* Pais Verlag
[68] Siehe dazu: media.infostelle-peru.de/files/Flyer_Buch-Partnerschaft-Leben.pdf; Download vom10.11.2022

3.Ausblick

Grundsätzlich zeigt sich auf der deutschen Seite bei den Partnerschaftsgruppen in den Pfarreien, dass die Freiwilligen der „Gründerzeit" nun in die Jahre gekommen sind. Der Altersdurchschnitt der Interessierten ist recht hoch und Bestrebungen wurden angestellt, jüngere Menschen, junge Erwachsene oder Jugendliche für die Partnerschaftsarbeit zu begeistern. Diese Bemühungen hatten keinen so grossen Erfolg. In der Partnerschaft von Singen, St. Peter und Paul, gelang es zwei Studentinnen aus der Pfarrei zu motivieren an einem Besuch in Peru teilzunehmen und sie fanden die Reise und die Begegnungen sehr spannend und interessant. Im Jugendtreff der Pfarreijugend in Arte-Vitarte trafen sie rund 10 peruanische Jugendliche und kamen mit ihnen ins Gespräch. Inwieweit sie heute noch aktiv sind, ist mir nicht bekannt.

In Peru selber gründete sich eine eigene Bewegung „Partnerschaft Juventud", die die etablierten Partnerschaftsgruppen in Peru beleben und erneuern. Eine Delegation dieser Jugendlichen, 5 Personen, aus Peru wurde vom Fachbereich (Referat) Weltkirche eingeladen und führte Gespräche in Partnerschaftsgruppen, Studierendengemeinden und Schulen in der Erzdiözese Freiburg. „In Freiburg gab es vielfältige Aktivitäten mit den Verantwortlichen aus dem Fachbereich Weltkirche und Gespräche mit Vertreter*innen der Freiwilligendienste und Color Esperanza. Eine ernüchternde Erfahrung war dabei, dass bei diesen Begegnungen keine deutschen Jugendlichen zugegen waren, sondern nur Hauptamtliche oder in die Jahre gekommene Vertreter*innen der Part-nerschaftsgruppen."[69] In den Schulen gab es bei den Gesprächen die grösste Resonanz, dort stiess das Thema Partnerschaft und Peru auf grosses Interesse, so dass die Delegation aus Peru und das Leitungsteam dies als Hoffnungszeichen wahrnahm.

Aber auch die kirchenpolitische Situation brachte Probleme für die Partnerschaft. Einige peruanische Bischöfe sehen es nicht gerne, dass durch finanzielle Mittel[70], die aus den Partnerschaftsprojekten in die peruanischen Gemeinden fließen, diese eine gewisse Unabhängigkeit bekommen und sehr selbstbewusst auftreten. Dies ist manchen Bischöfen in Peru ein Dorn im Auge, besonders auch da, wo Basisgemeinden und von der Befreiungstheologie inspirierte Gruppen aktiv sind. Unter Papst Johannes Paul II und Papst Benedikt VI versuchte Rom durch Ernennung Opus Dei naher konservativer Bischöfe[71] dem entgegenzuwirken. Dies gab Anlass zu ernster Sorge, dass die Partnerschaft mit Peru gefährdet sein könnte.

Letztlich entwickelte sich die kirchenpolitische Situation mit dem Wechsel zu Papst Franziskus wieder zu Gunsten der Partnerschaft. Auch wenn Auswirkungen der Bischofsernennungen spürbar blieben.[72]

Alles in allem kann man sagen, dass die Perupartnerschaft der Erzdiözese Freiburg eine Erfolgsgeschichte ist, die in dieser Form sicher einzigartig ist und nachhaltige Auswirkung auf beide Kirchen, die Kirche in Peru aber auch die Kirche in der Erzdiözese Freiburg hat.

---

[69] Siehe dazu www.partnerschaft-freiburg-peru.de

[70] Siehe dazu: «Partnerschaft und Geld. Fragen Anstösse Hilfen» Referat für weltkirchliche Aufgaben Freiburg 1996

[71] Siehe dazu: www. williknecht.de/Texte/kirche/kirche-2/47-kirchenverfolgung

[72] Siehe dazu: WILLER Hildegard: «Radikaler im Erzbistum Lima» unter www.blickpunkt-lateinamerika.de/artikel/radikaler-wechsel-im-erzbistum-lima/

Die Partnerschaft ist ein konstanter Faktor in der Pastoral der 150 Pfarreien der Erzdiözese, die ein Partnerschaftsprojekt haben. Dies strahlt in die ganze Diözese und darüber hinaus aus.[73]

---

[73] Hier sei noch auf eine wichtige Publikation hingewiesen. Bereits 1995 haben F. Nuscheler, K. Gabriel, S. Keller und M. Treber die Wirksamkeit weltkirchlicher Partnerschaften untersucht und ihre Ergebnisse dokumentiert. Ein wichtiger Beitrag zu Frage um die Bedeutung von Eine Welt – Partnerschaften auf der Basis von Kirchengemeinden, die zum größten Teil auf ehrenamtlicher Basis organisiert sind. Siehe: NUSCHELER F./GABRIEL K./KELLER S./TREBER M.: „Handeln in der Weltgesellschaft: Christliche Dritte-Welt- Gruppen. Praxis und Selbstverständnis, Mainz 1995.

BEI GRIN MACHT SICH IHR WISSEN BEZAHLT

- Wir veröffentlichen Ihre Hausarbeit, Bachelor- und Masterarbeit

- Ihr eigenes eBook und Buch - weltweit in allen wichtigen Shops

- Verdienen Sie an jedem Verkauf

Jetzt bei www.GRIN.com hochladen und kostenlos publizieren